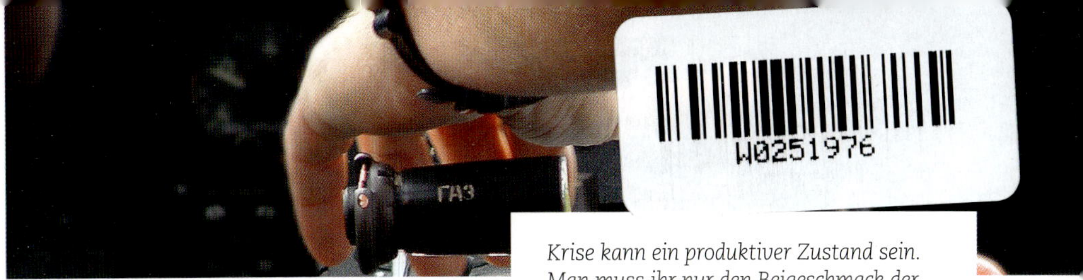

Krise kann ein produktiver Zustand sein. Man muss ihr nur den Beigeschmack der Katastrophe nehmen.

—Max Frisch

Schritte aus der Krise

In den letzten Jahren bin ich persönlich durch einige schwierige Lebensphasen und Krisen gegangen. Manche davon konnte ich alleine lösen. Andere bewältigte ich mit Hilfe von guten Freunden oder auch Fachleuten und Kollegen.

Gleichzeitig habe ich in den fast 20 Jahren meiner Arbeit als Coach immer wieder Menschen begleitet, die in extremen Krisen steckten. Sie taten sich schwer damit, ihr Leben wieder auf die Reihe zu kriegen. Menschen, die dachten, dass das Schicksal ihnen einen Tiefschlag versetzt hatte, und die nicht mehr weiter wussten.

Auf diesem doppelten Hintergrund ist dieses Quadro entstanden: Als Coach und Psychologe, aber auch als vom Leben mit seinen Widrigkeiten persönlich Betroffener habe ich mich auf eine intensive Suche nach hilfreichen Konzepten und praktischen Schritten gemacht. Ich suchte nach Wegen aus der Krise. Auf dieser Suche bin ich dem Begriff der Resilienz, der Widerstandsfähigkeit, begegnet.

Dabei handelt es sich vereinfacht gesagt um die Fähigkeit von Menschen, wieder aufzustehen, wenn sie hingefallen sind. Resilienz ist allerdings keine einzelne Fähigkeit, sondern eher ein ganzes Bündel an Haltungen, Fähigkeiten und Eigenschaften. Eine zentrale Eigenschaft in diesem Bündel ist die »Weisheit«.

Unter Weisheit verstehe ich in diesem Quadro nicht die Fähigkeit, anderen kluge Ratschläge geben zu können. Es ist vielmehr die Fähigkeit, mit eigenen schwierigen Lebenssituationen und -belastungen gut umzugehen. Michael Linden, Leiter der Forschungsgruppe Psychosomatische Rehabilitation an der Berliner Charité, hat das Konzept der Weisheit nicht nur wissenschaftlich beleuchtet. Er hat daraus auch eine »Weisheitstherapie« für die persönliche Bewältigung von Lebenskrisen entwickelt. Darauf greife ich hier teilweise zurück.

Ein Buch allein kann keine Therapie sein. Doch in diesem Quadro kannst du therapeutische Selbsthilfe durch Weisheit lernen.

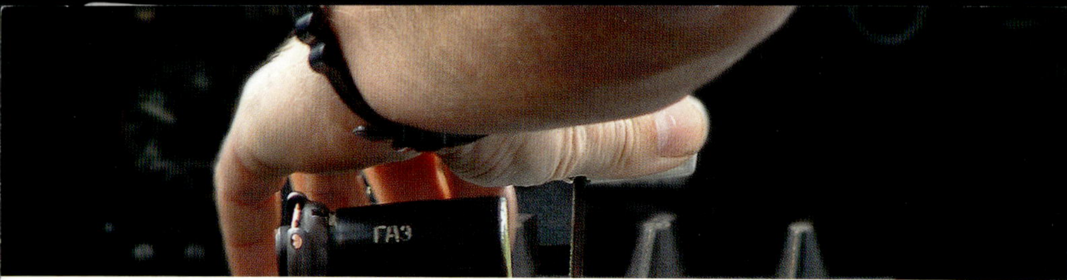

Im Laufe von vier Wochen wirst du lernen, dich selbst aus Krisen zu coachen. Vermutlich steckst du gerade in einer Krise. Es gibt keinen Moment in unserem Leben, wo wir nicht die eine oder anderen Schwierigkeit hätten. Diese Krise kann eine akute, schwierige Lebensphase sein. Krankheit, Trauer, Trennung, Verlust, Arbeitslosigkeit, Enttäuschung oder auch die vielen »kleinen« Krisen, die uns zu schaffen machen. Sie alle können ein möglicher Anlass für dich sein, dieses Quadro durchzuarbeiten.

In Krisen ist es meist hilfreich, sich Unterstützung zu suchen – das können Freunde und Bekannte sein. Bei Krisen, die an die Substanz der Persönlichkeit gehen, das Innerste zutiefst erschüttern, empfiehlt sich professionelle Hilfe durch Berater oder Therapeuten. Professionelle Begleitung verhindert, dass negative Muster sich chronifizieren. Dieses Quadro kann die notwendige Unterstützung durch andere und gegebenenfalls professionelle Hilfe nicht ersetzen. Es kann Krisenhilfe aber begleiten.

Ich werde hier ab und zu von Menschen aus der Bibel und ihren Krisen schreiben. Ich werde auch aus der Bibel zitieren. Das tue ich aus zwei Gründen: Zum einem, weil in der Bibel Weisheit oft thematisiert und dort hilfreiche Konzepte zur Krisenbewältigung entwickelt werden. Zum anderen, weil ich persönlich auf dem Hintergrund einer christlichen Lebenseinstellung schreibe. Für die Bewältigung eigener Krisen und für meine Arbeit als Coach habe ich hier viel Wertvolles entdeckt.

Dennoch habe ich dieses Quadro nicht nur für gläubige Menschen geschrieben. Es ist für alle, die Lebensweisheit entdecken und weiter entwickeln wollen. Alle, die das eigene Leben gestalten möchten. Gerade auch in Krisen und nach belastenden Erlebnissen.

Meinen eigenen Hintergrund lasse ich einfließen. Ich biete dir an, auszuprobieren, was für dich hilfreich ist. Das für dich Gute und Hilfreiche kannst du dann behalten, alles andere kannst du getrost ignorieren. Auch das ist Weisheit.

Tipps zur Anwendung

- Dieses Quadro ist in 28 Kapitel aufgeteilt. Du kannst vier Wochen lang täglich einen Abschnitt lesen und umsetzen.
- Die Kapitel bauen aufeinander auf. Du solltest sie deshalb der Reihe nach durcharbeiten.
- Lesen alleine reicht nicht aus, wenn du wirklich weiterkommen willst. Nimm dir also für jeden Tag tatsächlich nur einen Abschnitt vor und arbeite ihn durch.
- Du wirst in diesem Quadro vielen Fragen begegnen, die dich zum Nachdenken anregen sollen. Nimm dir Zeit für die Antworten und mache dir Notizen.
- Vielleicht bist aktuell in keiner Krise, sondern willst dich grundsätzlich in deiner Widerstandsfähigkeit stärken und zusätzliche Resilienz – quasi vorbeugend – erwerben. Auch dann ist dieses Quadro für dich sinnvoll, besonders das Weisheitstraining in der zweiten Woche. Natürlich kannst du das Buch auch mit Gewinn lesen, wenn du selbst Berater, Therapeut oder Seelsorger für Menschen in Krisen bist.
- In der ersten Woche geht es um eine Standortbestimmung: Wo stehst du eigentlich in der Bewältigung der Krise, an der du hier arbeiten willst? Welche Fähigkeiten hast du, die du dafür nutzen kannst?
- Die zweite Woche ist ein Trainingsprogramm, um Weisheit zu lernen, denn das ist tatsächlich möglich! Weisheit fällt nicht vom Himmel.
- In der dritten Woche steigst du ins Selbstcoaching ein und wendest das, was du im Weisheitstraining gelernt hast, auf deine Situation an.
- In der letzten Woche wird es konkret: Du formulierst und gehst erste Schritte aus der Krise.

Für diesen Weg wünsche ich dir Durchhaltevermögen und zunehmende Weisheit!

—Christoph Schalk

1.1

Schwierige Phasen

Das Leben ist nur eine Phase.
—Till Raether

Es ist schon etwas her, dass ich Till Raethers Buch »Das Leben ist nur eine Phase« gelesen habe. Ich kann auch nicht mehr im Detail sagen, was darin steht. Was aber hängen geblieben ist: Die Beschreibung eines Lebensgefühls, das viele Menschen so teilen – nämlich die Wahrnehmung des Lebens als eine Serie von Phasen. Dass es dabei nicht nur angenehme Phasen gibt, versteht sich von selbst. Viel zu oft befinden sich Menschen in einer Phase, von der sie sich wünschen, sie möge schnell wieder vergehen.

Das beginnt bei Krankheitsphasen, in denen sie sich wünschen, bald wieder gesund zu sein. Schwierige Phasen in der Familie fordern sie heraus, zum Beispiel, wenn ihre Kinder Schulprobleme haben. Oder wenn es in der Ehe kriselt. Finanzielle Durststrecken zehren an der Substanz, und zwar nicht nur materiell, sondern auch innerlich. Der Verlust des Arbeitsplatzes wird als äußerst belastend für den Betroffenen und Angehörige erlebt. Das gilt besonders dann, wenn es nicht bei einer vorübergehenden Phase bleibt, sondern die Arbeitslosigkeit zum Dauerzustand wird.

Ich bin mir sicher, dass du schon schwierige Phasen in deinem Leben durchgemacht hast. Vielleicht steckst du auch gerade mittendrin und hast dir deshalb dieses Quadro besorgt. Gemeinsam werden wir Schritt für Schritt versuchen, einen Ausweg zu finden. Zunächst wirst du die dafür notwendigen Fähigkeiten erlernen und diese dann auf dein Leben anwenden.

Denk mal

Warum liest du dieses Buch? Für dich selbst? Weil du jemandem helfen willst?

Mach mal

Denke an deine Freunde und Bekannten und überlege, in welchen schwierigen Lebensphasen sie sich schon befunden haben.

1.2 Gute Vorbilder

Vor jedem neuen, hohen Gipfel liegt meist ein tiefes Tal.

—Kerstin Hack

Es ist nicht schwer, Beispiele für schwierige Lebensphasen bei sich selbst oder bei Freunden zu finden. Interessanterweise finden sich solche Beispiele aber auch in großer Zahl in der Bibel. Obwohl – oder vielleicht gerade weil – sie sich selbst als »Gute Nachricht« bezeichnet. Hier gibt es geballt gute Vorbilder für schlechte Zeiten. Da ist zum Beispiel Josef, der Verlobte und spätere Mann von Maria, der Ziehvater von Jesus: Er ist sicher alles andere als begeistert zu erfahren, dass seine Verlobte schwanger ist. Und zwar nicht von ihm!

Vermutlich empfindet er ein Gefühlsgemisch aus Eifersucht, Enttäuschung, Verzweiflung, Trauer über zerstörte Lebensträume und Verletzung. Doch Gott entlässt ihn nicht aus dieser quälenden Situation. Josef darf sie nicht hinter sich lassen, sondern muss lernen, sie zu akzeptieren und lebenslänglich damit umzugehen. Ein unausweichliches und unabänderliches Schicksal, das ihm zugemutet wird. Die Phase wird zum Zustand.

Im ganzen Neuen Testament spricht Josef kein einziges Wort. Er empfängt Gottes Anweisungen im Schlaf und gehorcht schweigend. Das wirft einige Fragen auf:

- Wie hat er wohl diese Lebenskrise gemeistert?
- Wie hat er zu Lebensweisheit gefunden?
- Hat er das überhaupt?

Ein paar Hinweise dazu finden sich in der Bibel. Wir werden uns in einigen Kapiteln dieses Quadros damit beschäftigen.

Denk mal

Fallen dir andere Schicksalsschläge ein, von denen in der Bibel berichtet wird?

Mach mal

Schaue dir das Leben von Josef oder auch von Maria einmal genauer an: Lies dazu Matthäus 1 + 2 und Lukas 1 + 2.

1.3

Wachstumschancen

Schicksalsschlägen kannst du im Leben nicht aus dem Weg gehen. Wichtig ist, wie du damit umgehst.
—*Bruno Bettelheim*

■ Krisen sind immer auch Chancen. In persönlich schwierigen Situationen steckt die Chance, zu wachsen und zu reifen. Aber auch die Gefahr, in Lähmung, Apathie und Depression zu fallen. Um zu Josef zurückzukommen: Er schafft es, die Chance in seiner Lebenskrise zu ergreifen – ohne viele Worte. Ihm gelingt es, eine Familie aufzubauen, in der er nicht nur seinen Beruf als Zimmermann an seinen Ziehsohn Jesus weitergibt. Er schafft einen Ort, an dem Jesus in Geborgenheit aufwachsen und sich auf seine große Aufgabe vorbereiten kann.

Er füllt, wie Theologen das formulieren würden, seine Rolle in Gottes Plan zur Erlösung der Menschen aus. Er wird zum Beschützer des Erlösers. Eine großartige Aufgabe, die aus einer großen Krise heraus entsteht.

Jede Krise trägt in sich die Chance zu etwas Neuem. Im Bild gesprochen: Nur das Samenkorn, das in die Erde fällt und stirbt, bringt neues Leben hervor.

Allerdings wollen die wenigsten Menschen diese Wahrheit hören, wenn sie gerade tief verzweifelt sind. Das verstehe ich aus eigener Erfahrung nur zu gut. In solchen Situationen braucht man erst einmal Trost. Wenn mir Menschen sagten, ich würde aus der Krise etwas lernen, war meine Reaktion oft: »Ich könnte gut und gerne darauf verzichten, durch diese Lernerfahrung zu gehen.« Aber das kann ich mir eben nicht aussuchen. Die Schicksalsschläge kommen und gehen, wie sie wollen. Ich kann nur wählen, wie ich mit ihnen umgehe.

■ **Denk mal**

Nach welchen Kriterien beurteilst du, ob eine Situation gut oder schlecht für dich ist?

■ **Mach mal**

Finde mindestens zwei Dinge, die an deiner momentanen Krise gut sind.

1.4 Positionsbestimmung

Die Mitte der Nacht ist auch schon der Anfang eines neuen Tages.
—Johannes Paul II.

■ Stell dir vor, du hast dich in einem großen Einkaufszentrum verlaufen. Zum Glück entdeckst du einen Lageplan. Leider hat jedoch ein Spaßvogel den roten Klebepunkt, der dir deinen Standort verraten hätte, entfernt. Ohne zu wissen, wo du bist, nützt dir der Plan recht wenig.

Bevor du dich jetzt auf den Weg machst, Schritt für Schritt aus der Krise zu kommen, solltest du wissen, wo du gerade stehst. Entscheide deshalb sehr konkret, woran genau du arbeiten willst, wenn du dich mit Hilfe dieses Quadros selbst coachst. Worum soll es gehen? Welche aktuelle herausfordernde Lebenssituation willst du hier bearbeiten?

Stelle dir als nächstes eine Skala von 1 bis 10 vor: Die 10 beschreibt, wie es dir geht und wie du dich fühlst, wenn du die Krise richtig gut bewältigt und hinter dir gelassen hast. Die 1 steht für das völlige Gegenteil – du steckst mittendrin und weißt gar nicht, was du tun kannst, um aus der Krise herauszukommen.

Gute Fragen können dir Klarheit geben:

- Wo auf dieser Skala stehst du gerade?
- Was kennzeichnet die 1, die 10 und deinen aktuellen Standort auf der Skala?
- Wie genau sieht es an dieser Stelle aus?

Am besten schreibst du deine Gedanken auf. Du kannst dazu ein spezielles Notizbuch verwenden, das dich durch den gesamten Prozess begleitet. Zum Beispiel *Mein Quadro – Mein persönliches Notizbuch* vom Down to Earth Verlag.

■ **Denk mal**

Wo auf der Zehnerskala stehst du im Moment?

■ **Mach mal**

Besorge dir ein Tagebuch und notiere dir dort deine Antworten auf die Fragen und Übungen in diesem Quadro.

Rückblick

Ein Mensch schaut in der Zeit zurück
und sieht: Sein Unglück war sein Glück.
—Eugen Roth

■ Ich finde es interessant, wie vergesslich die meisten Menschen in Bezug auf gute und auch schwierige Lebensphasen sind. Kaum ist so eine Phase bewältigt, wird sie abgehakt und »weggepackt«. Das mag manchmal sinnvoll sein, weil es deutlich macht, dass etwas Altes abgeschlossen ist und etwas Neues begonnen hat.
Der Nachteil ist aber, dass Lernerfahrungen oft nicht »mitgenommen« werden. Das Rad muss dann quasi in jeder Krise wieder neu erfunden werden. Eigene Möglichkeiten und Ressourcen, die bereits erfolgreich eingesetzt wurden, müssen erst wieder neu entdeckt werden – und nicht immer gelingt das. Deshalb lohnt es sich, bewusst seine Erinnerungen nach vergangenen Erfahrungen zu durchforsten und eigene Fähigkeiten zu reaktivieren.
Schaue einmal für einen Moment weg von der aktuellen Situation, die dir zu schaffen macht. Gab es in den letzten Monaten oder Jahren andere Krisen und Lebensumstände, die dich ähnlich herausforderten? Vielleicht auch Situationen, die du nicht als genauso schlimm empfunden hast, die aber trotzdem hart waren? Wo standest du damals auf der Zehnerskala?

Erinnere dich an die damalige Situation.
- Wie fühlte sich das an?
- Wo gleicht diese Situation deiner aktuellen Lage?
- Worin unterscheidet sie sich?
- Was ist dein Fazit aus dieser Phase?
- Was hast du daraus gelernt?

Schreibe deine Gedanken dazu auf.

■ **Denk mal**
Welche gut bewältigten Krisen aus der Vergangenheit fallen dir noch ein?

■ **Mach mal**
Falls du damals Tagebuch geschrieben hast, lies nach, wie es dir zu dieser Zeit ging und notiere, was dir geholfen hat.

1.6

Geschafft!

Nie ist ein Sieg schöner zu empfinden, als wenn vorher Kampf gewesen und Entwicklung.

—Gustav Stresemann

■ Ich bin mir sicher, dass du in deinem Leben eine ganze Reihe von früheren schwierigen Phasen entdecken konntest. Ob du aus allen gut und heil herausgekommen bist, weiß ich natürlich nicht. Doch ich bin mir sicher, dass du einen Beitrag geleistet hast, um möglichst gut damit umzugehen. Vielleicht bist du als »strahlender Sieger« aus der Situation hervorgegangen. Vielleicht konntest du sie ein wenig erträglicher machen. Vielleicht hast du sie auch einfach nur irgendwie überlebt.
Lass uns einen Moment lang genauer betrachten, wie du die Situation damals überstanden oder bewältigt hast. Liste schriftlich und detailliert auf, was du persönlich alles dazu beigetragen hast, dass diese Krise inzwischen hinter dir liegt.

Folgende Fragen können dir helfen:

- Welche Fähigkeiten hast du eingesetzt?
- Was hast du unternommen?
- Wen hast du um Hilfe gebeten?
- Wer oder was hat geholfen?
- Welche Gedanken, Haltungen und Einstellungen haben dich weitergebracht?
- Was hat dir damals Hoffnung und Zuversicht gegeben?
- Worauf konntest du dich verlassen?
- Was half dir, wieder aufzustehen, wenn du hingefallen bist?

Die Antworten auf diese Fragen können dir Sicherheit geben, weil du klarer erkennst, wer und was dich in Krisen stärkt.

■ **Denk mal**

Wie verändert sich dein Fazit von gestern im Licht der heutigen Lektion?

■ **Mach mal**

Platziere deine Liste mit Fähigkeiten, Haltungen etc., die dir in Krisen helfen, an einem Ort, wo du täglich daran erinnert wirst.

1.7

Wenn wir nicht vergeben können, vergeben wir die Chance, uns von altem Leid zu befreien.

—Andreas Tenzer

Verbitterung vorbeugen

■ Lebensereignisse, die uns aus der Bahn werfen, haben manchmal mit Verletzungen zu tun, die uns Menschen zugefügt haben. Nicht immer ist es »einfach nur das Schicksal«, das uns Böses antut. Kollegen, Familienmitglieder, sogar Freunde (oder so genannte Freunde) können uns schwer enttäuschen. Vielleicht sind sie die Ursache unserer Krise – oder sie machen zumindest alles noch schlimmer.

Solange wir sie dafür anklagen, bleiben wir selbst in der Situation gefangen. Und unsere Bitterkeit wird immer größer. Deshalb ist Vergebung so befreiend. Wenn du vergibst, sagst du (innerlich) zum anderen: »Du bist verantwortlich für das, was geschah. Aber ich vergebe dir und löse dich aus der Verantwortung für die Folgen der Verletzung. Ich erwarte nicht mehr, dass du ausgleichst, was du getan hast, sondern übernehme selbst die Verantwortung dafür, wie es weitergeht. Ich bin ab jetzt selbst dafür zuständig, wie ich mich weiter entwickle und mit der Situation umgehe.« Vergebung heißt nicht, dass du gutheißt, was der andere getan hat. Was schlecht war, muss auch benannt werden. Es geht nicht darum, etwas unter den Teppich zu kehren. Und es bedeutet auch nicht, dass du dich dem anderen gegenüber gut fühlen musst. Das geht meist nur, wenn er sich ändert. Vergebung heißt vielmehr: Ich entlasse den anderen aus der Verantwortung für mein Leben und nehme sie ab jetzt selbst wahr. Diese Haltung ist eine gute Grundlage, um Lebensweisheit zu entwickeln.

■ **Denk mal**

Wen machst du momentan noch für dein Schicksal verantwortlich?

■ **Mach mal**

Mache es dir zur Gewohnheit, täglich zu vergeben. Vergebung ist eine Entscheidung, aber es dauert, bis sie vom Kopf zum Herz gelangt.

VDO
KM
1008
60
50
40
30
20
10

2.1

> *Die Altersweisheit gibt es nicht. Wenn man altert, wird man nicht weise, sondern nur vorsichtig.*
>
> *—Ernest Hemingway*

Was Weisheit nicht ist

■ Der Begriff der Weisheit ist in der Vorstellung der meisten Menschen mit Lebenserfahrung, Alter und grauen Haaren verbunden. Schon die alten Griechen verstanden unter Weisheit ein umfassendes, ganzheitliches Wissen, das nicht jedem zugänglich ist, sondern besonderen Menschen – eben den Weisen – vorbehalten bleibt. Dummheit, Laster und Torheit wurden und werden oft als das Gegenteil davon angesehen.

Auch die Vorstellung von einer herrscherlichen oder magischen Weisheit, die Könige oder Zauberer besitzen sollen, gab es schon immer. Ebenso wie die Idee der väterlichen Weisheit, bei der der Vater seinem Sohn praktischen Rat für unterschiedliche Lebenssituationen mitgibt.

Fast allen Weisheitskonzepten gemeinsam ist die Überzeugung von der Nützlichkeit der Weisheit für das praktische Leben. Der Weise verfügt über das Wissen, was für Menschen richtig ist, um sich klug zu entscheiden und ein gutes Leben zu führen.

Meine Definition von Weisheit in diesem Quadro knüpft an diesen Gedanken der Nützlichkeit an, bezieht sie aber nicht auf andere, sondern auf sich selbst: Beim Erwerb von Lebensweisheit geht es um die Fähigkeit, schwierige Lebenssituationen und -belastungen umsichtig und klug zu bewältigen. Weisheit ist hier – übrigens in Übereinstimmung mit aktuellen psychologischen Definitionen – die Kenntnis und Anwendung der Fähigkeiten, die man braucht, um persönliche Lebenswidrigkeiten gut überwinden zu können.

■ **Denk mal**

Was fällt dir spontan ein, wenn du das Wort »Weisheit” hörst? Was charakterisiert für dich Weisheit?

■ **Mach mal**

Welche dir bekannten Menschen würdest du als »weise« bezeichnen? Wie denken, leben und handeln sie?

Anfang der Weisheit ist: Erwirb dir Weisheit, erwirb dir Einsicht mit deinem ganzen Vermögen!
—Sprüche Salomos 4, 7

Weisheit in der Bibel

■ Die Bibel gehört zur Fachliteratur in Sachen Weisheit. Das Alte Testament beinhaltet die so genannten »Weisheitsbücher«: Hiob, Sprüche, Prediger, das Hohelied der Liebe sowie die Schriften Jesus Sirach und Weisheit. Auch das Neue Testament ist voll von Anleitungen zur Lebensweisheit.

Im jüdischen Kontext bedeutet Weisheit weniger die Fähigkeit, theoretische Fragen zu beantworten. Weisheit ist zuallererst die Fähigkeit, sich im Leben zurechtzufinden und mit Dingen und Menschen gut umzugehen. So ist Weisheit etwa der Sachverstand des Handwerkers oder Künstlers, die Umsicht des Herrschers oder Richters oder einfach Lebensklugheit.

Spannend finde ich dabei, dass diese biblische Weisheit immer vor dem Hintergrund eines nüchternen, realistischen Weltbildes gesehen wird: Wir werden in unserem Leben durch schwierige Zeiten gehen. Wir müssen lernen, mit Ungewissheit zu leben. Oft geht es darum, eigene Ansprüche herunterzuschrauben und bescheidener zu werden. Es wird uns helfen, weise zu leben, wenn wir das große Ganze und nicht nur uns mit unseren Nöten und Bedürfnissen sehen. Wenn wir von uns selbst wegsehen und auch einmal die Perspektive wechseln, werden wir besser leben können. Und wir dürfen unseren Humor dabei nicht verlieren.

■ **Denk mal**

Was spricht dich an und was stößt dich ab, wenn du dir das biblische Verständnis von Weisheit anschaust?

■ **Mach mal**

Notiere in deinem Tagebuch, wie deine Weltsicht aussieht. Wo fördert oder behindert diese Sicht dein Wachstum in der Weisheit?

2.3

Man bleibt jung, solange man noch lernen, neue Gewohnheiten annehmen und einen Widerspruch ertragen kann.
—Marie von Ebner-Eschenbach

Der erste Schritt: Training

■ Übung macht den Meister – das gilt auch, wenn man Weisheit entwickeln will. Die gute Nachricht: Es ist möglich zu lernen, mit schwierigen Lebenssituation besser umzugehen. Resilienz – Widerstandsfähigkeit – ist trainierbar.

Das »Weisheitstraining« in diesem Quadro verläuft in zwei Schritten. Ab 2.4 wirst du anhand fiktiver Situationen lernen, wie du mit Krisen umgehen kannst und welche Fähigkeiten dafür notwendig sind.

In der dritten Woche gehst du dann die nächsten Schritte: Du coachst dich selbst durch eine Situation, die dich momentan herausfordert. So kannst du für dich persönlich anwenden, was wir in den vorausgegangenen Kapiteln eher allgemein behandelt haben.

In den fiktiven Trainingsbeispielen wirst du Situationen begegnen, die für die Betroffenen krisenhaften Charakter haben. Es geht immer um schwer zu ertragende Situationen, die nicht mehr rückgängig gemacht werden können. Es geht um Menschen, die wenig an den äußeren Bedingungen ihrer Lebensumstände ändern können und deshalb an ihrer inneren Haltung arbeiten müssen. Es wird darum gehen, wie sie aus ihrer anfangs verengten Perspektive ausbrechen können. Wie sie ihre Gefühle wahrnehmen und akzeptieren können. Wie sie es lernen können, alles im großen Zusammenhang zu sehen. Wie sie mit Ungewissheit leben und ihre Ansprüche relativieren können.

■ **Denk mal**

Wann hast du zuletzt eine neue Fähigkeit – nicht neues Wissen – erworben?

■ **Mach mal**

Stelle dir vor, was in deinem Leben anders wäre, wenn das Weisheitstraining erfolgreich verliefe. Mache dir dazu Notizen im Tagebuch.

Wer sein eigenes Leben und das seiner Mitmenschen als sinnlos empfindet, der ist nicht nur unglücklich, sondern auch kaum lebensfähig.

—Albert Einstein

Weisheitstraining 1: Empathie

■ Stelle dir bitte die folgende erste Trainingssituation vor:
Frau Meier hat Krebs und muss deshalb gepflegt werden. In dieser Zeit verlässt ihr Ehemann sie wegen einer anderen Frau.
Nimm dir Zeit, dich in die Situation hineinzuversetzen, bevor du weiterliest. Dann beantworte der Reihe nach die folgenden Fragen. Am besten machst du das schriftlich – je ausführlicher, desto besser.

1. Welche Gedanken und Gefühle hast du, wenn du von diesem Schicksal hörst?
   Wie betroffen macht dich die Situation?
   Wie gut kannst du dich mit ihr identifizieren und mitfühlen?
2. Was vermutest du, wie Frau Meier sich in dieser Situation fühlt?
   Was denkt sie vielleicht?
   Wie könnte sie reagieren?
   Was könnte sie tun?
3. Versetze dich in die Lage ihres Mannes.
   Wie geht es ihm dabei?
   Was fühlt er wohl?
   Was denkt er vielleicht?
   Wie wird er vermutlich weiter mit seiner Frau und dieser Situation umgehen?
4. Angenommen, du wärst Frau Meier.
   Welches Verhalten fändest du wenig hilfreich oder sogar schädlich?
   Was würde deine Lage noch verschlimmern?
5. Welchen Umgang mit der Situation fändest du kurzfristig und langfristig sinnvoll und hilfreich?

■ **Denk mal**

Was hilft dir, dich in solche fremden Situationen hineinzuversetzen?

■ **Mach mal**

Schreib auf, was du heute an neuen Erkenntnissen gewonnen hast.

2.5 Weisheitstraining 2: Sicht

Der Sinn wird verdunkelt, wenn man nur kleine fertige Ausschnitte des Daseins ins Auge fasst.

—Dschuang Dsi

■ Heute geht es mit vier Fragen weiter, die sich immer noch auf die erste Trainingssituation mit Frau Meier beziehen:

1. Überlege dir, ob diese schlimme Situation trotzdem auch positive Seiten für Frau Meier haben könnte. Welche positiven Konsequenzen könntest du dir vorstellen?
2. Stelle dir jetzt vor, wie sich das Leben von Frau Meier und auch von Herrn Meier weiter entwickeln könnte. Wie könnte ihr Leben in fünf Jahren aussehen? Wie werden sie im Rückblick über diese Krise denken?
3. Stelle dir fünf möglichst unterschiedliche Menschen vor, die sich mit der Krise von Frau Meier befassen. Was wären typische Herangehensweisen, um mit so einer Situation umzugehen? Was würden sie Frau Meier raten?
4. Überlege dir nun, wie Menschen mit dieser Herausforderung umgehen würden, die sich mit der Bewältigung schwieriger Lebenssituationen gut auskennen.

Denke dabei an folgende Personen: eine gütige Großmutter, einen warmherzigen Pfarrer, einen tiefblickenden Psychologen, einen effizienten Manager und einen alten Weisheitslehrer aus Afrika. Wie würden diese Personen typischerweise mit der Situation umgehen? Was würden sie Frau Meier raten?

Glückwunsch! Du hast die erste Trainingseinheit bereits (fast) geschafft. Nimm dir jetzt noch die Frage und den Handlungsimpuls unten vor.

■ **Denk mal**
Was würdest du Frau Meier raten?

■ **Mach mal**
Notiere dir ein Fazit zum heutigen Abschnitt. Was hast du gelernt?

2.6

Unsere Gefühle, in denen wir die Freuden und Leiden einer Person miterleben, kommen nur durch ein Bild zustande, das wir uns von diesem Glück oder Missgeschick machen.

—*Marcel Proust*

Weisheitstraining 3: Rat

■ Heute werde ich dir eine zweite fiktive Situation vorstellen. Anhand ähnlicher Fragen wie in den letzten beiden Tagen kannst du noch einmal bestimmte Fähigkeiten einüben, die entscheidend sind, wenn du an deinen eigenen Herausforderungen erfolgreich arbeiten willst. Stelle dir folgende Situation vor:

Herr Zorn leitet seit über 20 Jahren eine Abteilung in seiner Firma. Aufgrund eines nicht selbst verschuldeten Arbeitsunfalls muss er längere Zeit im Krankenhaus verbringen. Als er endlich gesund ist und wieder zur Arbeit geht, muss er feststellen, dass die Abteilungsleitung einem jungen Quereinsteiger übergeben wurde. Herr Zorn kann nicht mehr an seine bisherige Stelle zurückkehren. Der neue Mitarbeiter wird sein Vorgesetzter und er muss sogar unter ihm arbeiten.

Nimm dir Zeit, dich emotional in diese Situation hineinzuversetzen, bevor du weiterliest. Dann beantworte folgende Fragen schriftlich:

1. Welche Gedanken und Gefühle hast du, wenn du von dieser Situation hörst? Wie betroffen macht dich dieses Schicksal? Wie gut kannst du dich damit identifizieren und mitfühlen?
2. Was vermutest du, wie Herr Zorn sich in dieser Situation fühlt? Was denkt er vermutlich? Wie könnte er reagieren? Was könnte er tun?
3. Versetze dich jetzt einmal in die Lage seines Nachfolgers. Wie geht es diesem dabei? Was fühlt er wohl? Was denkt er vermutlich?

■ **Denk mal**

Was würdest du Herrn Zorn raten?

■ **Mach mal**

Finde die Parallelen zwischen den beiden fiktiven Situationen und deiner Situation.

2.7

Hat Rat bei Menschen je gegolten?
Ein kluges Wort erstarrt im harten Ohr.
—Johann Wolfgang von Goethe

Weisheitstraining 4: Beteiligte

■ Heute geht es mit einigen Fragen weiter, die sich ebenfalls auf die Situation von Herrn Zorn beziehen:

1. Versetze dich jetzt einmal in die Lage des Vorgesetzten von Herrn Zorn, der den Führungswechsel entschieden hat. Was fühlt er wohl? Was denkt er vermutlich?
2. Angenommen, du wärst Herr Zorn: Welches Verhalten fändest du dann wenig hilfreich oder sogar schädlich? Was würde die Lage noch schlimmer machen?
3. Welchen Umgang mit der Situation fändest du kurzfristig und langfristig sinnvoll und hilfreich?
4. Überlege dir, ob diese schlimme Situation trotzdem auch ihre positiven Seiten für Herrn Zorn haben könnte.
5. Stelle dir jetzt vor, wie das Leben von Herrn Zorn in fünf Jahren aussehen könnte. Wie wird er im Rückblick über diese Krise denken?
6. Stelle dir fünf möglichst unterschiedliche Menschen vor, die sich mit dem Fall von Herrn Zorn befassen sollen. Was wären typische Herangehensweisen dieser Menschen, um mit so einer Situation umzugehen? Was würden sie Herrn Zorn raten?
7. Überlege dir, wie eine gütige Großmutter, ein warmherziger Pfarrer, ein tiefblickender Psychologe, ein effizienter Manager und ein alter Weisheitslehrer aus Afrika typischerweise mit der Situation umgehen würden. Was würden sie Herrn Zorn raten?

■ **Denk mal**

Was hat sich in dir und an deiner aktuellen Herausforderung schon geändert?

■ **Mach mal**

Arbeite anhand der fiktiven Beispiele die Prinzipien heraus, die für die Entwicklung von Weisheit nötig sind.

AUSFAHRT

Perspektivwechsel

Versuche erst zu verstehen, bevor du versuchst, selbst verstanden zu werden.
—Stephen R. Covey

■ In den Beispielen mit Frau Meier und Herrn Zorn ging es bei den ersten Fragen darum, sich in sie hineinzuversetzen und ihre Perspektive einzunehmen. Danach hast du dich mit weiteren Perspektiven auseinandergesetzt: dem Mann von Frau Meier, dem Nachfolger und dem Vorgesetzten von Herrn Zorn, weisen Ratgebern. Damit hast du Fähigkeiten eingeübt, die beim Entwickeln von Weisheit grundlegend sind – die Fähigkeit zur Empathie und zum Perspektivwechsel.

Jetzt geht es darum, diese Fähigkeiten auf die Situation anzuwenden, an der du selbst im Moment schwer zu tragen hast. Überlege dir in einem ersten Schritt, welche Personen an deiner Situation noch beteiligt sind. Partner? Kollegen? Freunde? Gegner? Schreibe die Namen all dieser Personen auf eine Liste.

Versetze dich emotional und gedanklich in die andere(n) Person(en) hinein. Versuche dir vorzustellen, wie es ihnen damit geht.

Stelle dir folgende Fragen:

- Wie geht es ihnen mit ihrer Situation?
- Was denken sie darüber?
- Wie empfinden sie?
- Wo leiden sie mit dir?
- Wo empfinden sie Schadenfreude?
- Wie gehen sie mit der Situation um? Sachlich, deprimiert, aktionistisch oder ...
- Was könnten sie tun, damit alles noch schlimmer wird?
- Wie möchten sie wohl am liebsten mit der Situation umgehen?

Mache dir Notizen zu diesen Fragen – separat für jede der beteiligten Personen.

■ **Denk mal**

Hast du noch jemanden übersehen, der auch mit deiner momentanen Lebenssituation zu tun hat?

■ **Mach mal**

Nimm dir jeden Tag fünf Minuten Zeit, um darüber nachzudenken, wie es anderen mit deiner Situation geht.

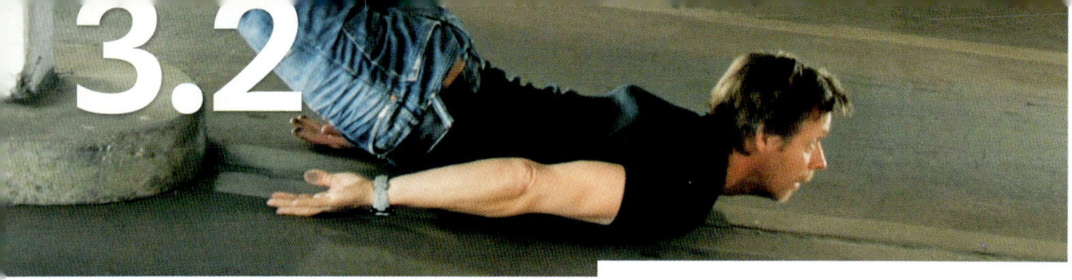

3.2 Gefühle wahrnehmen

Humor ist, wenn man trotzdem lacht.
—Otto Julius Bierbaum

Weitere Fähigkeiten, die bei der Überwindung von Lebenskrisen hilfreich sind, haben mit deinen eigenen Gefühlen zu tun: Zunächst einmal die Fähigkeit, die eigene Beurteilung der Situation zu beschreiben. Was denkst du ist geschehen?

Ich denke, man hat mich ...
- verletzt
- abgewiesen
- ausgeliefert
- betrogen
- im Stich gelassen
- verraten
- allein gelassen
- ...

Und dann die Fähigkeit, eigene Gefühle – gerade auch negative – wahrzunehmen und zu akzeptieren. Das gilt besonders, wenn sie schmerzhaft und schambesetzt sind. Schließlich auch die Fähigkeit, über sich selbst zu lachen, also auch Distanz zur Krise einnehmen zu können.

Welche Gefühle nimmst du bei dir wahr? Ich fühle mich ...
- wütend
- enttäuscht
- mutlos
- aggressiv
- ängstlich
- gebrochen
- einsam
- hilflos
- traurig
- gehemmt
- feige
- ...

Beschreibe sie. Kannst du sie aushalten, erdulden? Oder unterdrückst du sie? Ergänze die Liste um weitere Gefühle, die du bei dir wahrnimmst.

Denk mal
Welche dieser Gefühle kommen aus dem Kern deiner Persönlichkeit? Welche sind eher Schutzmaßnahmen?

Mach mal
Sprich mit einem guten Freund, Seelsorger, Berater o.ä. über die Gefühle, die du bei dir entdeckt hast.

Weisheit ist nicht so sehr das Wissen darum, was schließlich zu tun ist, sondern darum, was zunächst getan werden soll.

—Herbert Hoover

Die Fakten kennen

■ Weisheit hat auch mit Wissen zu tun. In Coachinggesprächen mit Kunden stellen wir immer wieder fest, dass ihnen Faktenwissen oder Wissen über den Umgang mit schwierigen Situationen fehlt. Das ist natürlich nur selten der einzige Grund für ihr Problem, aber es spielt fasst immer auch eine Rolle.

Da ist eine Frau, die gerade ihren Job verloren hat und sich nicht mit ihren Rechten dem Arbeitgeber gegenüber auskennt. Oder ein Mann, der wegen einer lebensbedrohlichen Krankheit zwar medizinisch optimal versorgt wird, aber nicht um diverse Selbsthilfe- und Beratungsangebote weiß.

Wie sieht es bei dir aus? Hast du schon einmal umfassend deine Ist-Situation angeschaut? Am besten mit einer Person, der du vertraust, zum Beispiel einem Freund, Berater oder Seelsorger. Was weißt du alles darüber? Welche Fragen sind offen? Wo hast du das Gefühl, dass du den Überblick verloren hast und nicht mehr weiter weißt? Welche Fakten kennst du? Und welche nicht? Was konntest du im Internet recherchieren? Wie sicher fühlst du dich im Umgang mit der Situation? Was könnte dir helfen, da noch sicherer zu werden? Und wen kennst du, der sich damit auskennt und dir weiterhelfen könnte?

Bearbeite auch diese Fragen wieder schriftlich und ausführlich. Du wirst dann wesentlich mehr davon profitieren, als wenn du sie nur kurz im Kopf durchgehst.

■ **Denk mal**

Wie würde ein Experte für deine Situation dein Wissen darüber beschreiben?

■ **Mach mal**

Lege dir eine Mappe oder einen Ordner an, in dem du alle Informationen sammelst, die dir helfen könnten.

Das große Bild gibt sich nicht als Bild zu erkennen: Es ist. Oder genauer: Du befindest dich darin.
—Antoine de Saint-Exupéry

Das große Bild sehen

■ Wenn du zu einem Termin zu spät kommst, weil dein Zug Verspätung hatte, dann mag dir das unangenehm sein. Aber du weißt, dass dein Zuspätkommen einen guten Grund hat. Wenn ein anderer zu spät zu einem Termin kommt, dann tauchen viel schneller Gedanken auf wie »Der ist unzuverlässig« oder »Der ist faul«.

Lerne, auch bei anderen Menschen Ereignisse im Kontext der Situation, der Geschichte oder sozialer Rahmenbedingungen zu sehen. Dann bist du auch fitter im Umgang mit persönlichen Krisen. Warum? Weil sich in Krisenzeiten oft unser Blickwinkel verengt. Wir fixieren uns auf unser Leid und sind nicht mehr in der Lage, das Gesamtbild zu sehen. Wir verlieren aus den Augen, wie es anderen geht. Es fällt uns schwer, zu akzeptieren, dass andere Menschen andere Werte und Meinungen haben. Wir nehmen nicht mehr wahr, dass wir mit unserem Problem nicht alleine sind – und dass es viele Menschen gibt, denen es viel schlechter geht als uns.

Deine Aufgabe heute: Entdecke mindestens drei Personen, die sich in ganz schwierigen Lebensumständen befinden. Was glaubst du, wie es ihnen damit geht? Welche Umstände tragen zu ihrer schwierigen Situation bei? Was findest du gut daran, wie sie mit ihrer Herausforderung umgehen? Was würdest du anders – vielleicht besser – machen? Was würdest du ihnen aufgrund deiner Erfahrungen raten?

■ **Denk mal**

Was wäre, wenn du diesen Rat selbst beherzigen würdest?

■ **Mach mal**

Erkundige dich einfühlsam und wertschätzend bei jemandem, der in einer Krise steckt, wie es ihm geht. Versuche, dich in seine Lage einzufühlen.

Langfristig denken

Willenskraft ist nur ein anderer Name für die Tendenz, sich an langfristigen Folgen und nicht an kurzfristigen zu orientieren.

—Antonio Damasio

■ Vor über 20 Jahren wurde der Psychologe Walter Mischel mit seinem »Marshmallow-Test« berühmt: Vierjährige Kinder bekamen ein Marshmallow und durften es sofort essen – oder sich entscheiden, noch 15 Minuten zu warten. Wenn sie das taten, erhielten sie ein zweites Marshmallow. Mischel konnte beweisen, dass die Kinder, die den »Bedürfnisaufschub« aushielten, zehn Jahre später eine höhere emotionale und intellektuelle Kompetenz zeigten.

In schwierigen Lebenssituationen neigen manche Menschen dazu, die Situation durch kurzsichtiges Verhalten (z. B. Wutausbrüche oder Rückzug) eigentlich zu verschlimmern. Der gute Umgang mit Lebensbelastungen ist jedoch ein großes und langfristiges Ziel. Wer gelernt hat, auf kurzfristige Strategien zu verzichten, und einen langen Atem beweist, wird solche Herausforderungen besser meistern.

Denke jetzt wieder an deine Situation:

- Welchen Umgang damit fändest du langfristig sinnvoll und hilfreich?
- Welche schnellen Reaktionen machen es letztlich noch schlimmer?
- Stelle dir vor, wie dein Leben in fünf Jahren aussehen könnte: Wie wirst du im Rückblick über diese Krise denken?
- Überlege dir abschließend, wie eine gütige Großmutter, ein warmherziger Pfarrer, ein tiefblickender Psychologe, ein effizienter Manager und ein alter Weisheitslehrer aus Afrika typischerweise mit der Situation umgehen würden. Welche langfristige Strategie würden sie empfehlen?

■ **Denk mal**

Neigst du grundsätzlich eher zu kurzfristigem oder zu langfristigem Denken und Handeln?

■ **Mach mal**

Male ein Bild, das dich und dein Leben in fünf Jahren nach gelungener Bewältigung deiner Krise darstellt.

Du hast die Wahl. Du kannst dir Sorgen machen, bis du davon tot umfällst. Oder du kannst es vorziehen, das bisschen Ungewissheit zu genießen.
—Norman Mailer

3.6 Ungewissheit aushalten

■ Nun möchte ich noch einmal auf Josef aus der Bibel zurückkommen. Er ist für mich ein wahrer Meister im Ertragen von Ungewissheit, wie sie das Leben nun einmal mit sich bringt.

Im Traum erscheint Josef ein Engel und sagt: »Josef, zögere nicht, Maria zu heiraten. Denn das Kind, das sie erwartet, ist vom Heiligen Geist.« Damit beginnt für ihn ein großes Abenteuer voller Ungewissheit, offener Fragen und Rätsel. Er soll eine Frau heiraten, die ein Kind erwartet, dessen Herkunft geheimnisvoll ist. Sein guter Ruf steht auf dem Spiel. Anstatt selbst Regie in seinem Leben zu führen, wird ihm das Zepter aus der Hand genommen.

Ungewissheit ist für die meisten Menschen schwer zu ertragen. Selbst schwierige Umstände werden erträglich, wenn sie kalkulierbar sind. Doch was dieses Kind für Josef bedeutet, kann er zu diesem Zeitpunkt trotz aller Erklärungen des Engels wohl nicht einmal erahnen. Dennoch reagiert er mit Akzeptanz und Gelassenheit.

Das, was Gott und das Leben ihm zu-mutet, schafft bei ihm am Ende Lebens-Mut. Und das ist das Gegenteil von Zukunftsangst.

Wo entdeckst du bei dir, dass dich Gedanken über die Zukunft lähmen? Oder dass du in vorbeugenden Maßnahmen und Kontrollversuchen gefangen bist? Auf einer Skala von 1 bis 10 (wobei 10 maximalen Lebensmut darstellt): Wo stehst du im Moment? Wenn du auf der Skala einen Schritt weiter wärst, was würdest du dann schon anders machen als heute?

■ **Denk mal**

Was könnte dir helfen, Ungewissheit zu genießen, statt darunter zu leiden?

■ **Mach mal**

Lass die Vorstellung los, dass du deine Zukunft unter Kontrolle haben musst. Lege dein Leben und deine Sorgen vertrauensvoll in Gottes Hand.

Enthaltsamkeit ist das Vergnügen
an Sachen, welche wir nicht kriegen.
—Wilhelm Busch

Ansprüche relativieren

■ Unsere Ansprüche orientieren sich an früheren Erfahrungen und an anderen Menschen, mit denen wir uns vergleichen. Je besser es uns in der Vergangenheit ging, desto schwerer fällt es uns später oft, Abstriche hinzunehmen. Je besser es anderen Menschen geht, mit denen wir uns vergleichen, desto eher kommt Neid auf. Zufriedenheit mit dem, was ist, stellt sich dann selten noch ein.

Wenn wir akzeptieren, dass wir nicht der Nabel der Welt sind und dass es uns auch mit wenig(er) gut gehen kann, kommen wir besser durch Krisen. Bescheidenheit ist nicht nur eine Tugend, sondern eine starke Strategie zur Bewältigung von belastenden Lebenssituationen. Sie kann dir helfen, neuen Lebenssinn zu finden.

Bildlich gesprochen: Du hattest das Ziel, nach Rom zu kommen. Das misslang. Nun kannst du nach neuen Wegen und Zielen suchen. Gibt es andere Wege nach Rom? Reicht eventuell Venedig? Das ist immerhin schon die halbe Strecke. Oder war dein eigentliches Ziel Italienisch zu lernen? Das kannst du auch in der Volkshochschule. Oder zieht es dich vor allem in eine europäische Metropole? Wie wäre es dann vielleicht mit Paris?

Übersetze diese bildhaften Fragen und Vorschläge für deine Situation: Wie würden sie darauf bezogen lauten? Was könntest du antworten? Wie kannst du deine Ansprüche ans Leben neu definieren und dabei neuen Sinn entdecken?

■ **Denk mal**

Mit wem vergleichst du dich?

■ **Mach mal**

Schreibe auf, was deinem Leben in Anbetracht der schwierigen Umstände nach wie vor oder neu Sinn geben kann.

14
← AUSGANG

4.1 Ziele konkretisieren

Nachdem wir das Ziel völlig aus den Augen verloren hatten, verdoppelten wir unsere Anstrengungen.

—Mark Twain

■ In dieser Woche wirst du zusammenfassen, was dir in den letzten Tagen deutlich geworden ist. Du wirst persönliche Ziele für deine weitere Entwicklung formulieren und dich in kleinen, aber konkreten Schritten in Bewegung setzen.

Die Arbeit mit einer Skala von 1 bis 10 ist dir inzwischen vertraut. Die 10 beschreibt deine Wunschvorstellung davon, wie du mit deiner aktuellen Lebenssituation umgehen können willst. Die 1 das genaue Gegenteil davon. Wie sieht deine persönliche 10 genau aus? Formuliere ein paar konkrete Sätze, die beschreiben, was du erreichen und verändern willst.

Achte auf Folgendes:

1. Formuliere deine Ziele positiv: Statt »Ich möchte keine Angst mehr vor der Zukunft haben«, sage: »Ich will der Zukunft gelassen entgegengehen.«
2. Beschreibe dich als den Handelnden: Statt »Ich möchte, dass mir mein Chef mit Respekt begegnet«, sage: »Ich will klar und offen mit meinem Chef reden.«
3. Bleibe konkret: Bis wann, wo, wie und mit wem genau willst du deine Ziele erreichen? Wie siehst du aus, wie hörst du dich an, was denkst und fühlst du, wenn du dein Ziel erreicht hast?
4. Vermeide Vergleiche: Nicht »Ich will besser mit Krisen umgehen können«, sondern »Ich will eine Liste mit Dingen erstellen, die mir in Krisen helfen und auf die ich im Notfall zurückgreifen kann.«

■ **Denk mal**

Wie gut und wie gerne setzt du dir Ziele? Stehst du mit ihnen auf Kriegsfuß oder findest du sie hilfreich?

■ **Mach mal**

Schreibe dir deine Ziele nicht nur auf, sondern sprich auch mit einem guten Freund oder Ratgeber darüber.

4.2 Was wäre anders?

Du kannst das Problem nicht mit derselben Art des Denkens lösen, die zum Problem geführt hat.

—Albert Einstein

■ Darf ich dich zu einem Gedankenexperiment einladen? Suche dir einen Ort, an dem du ungestört bist und deiner Vorstellungskraft freien Lauf lassen kannst.

Stelle dir vor, du legst dich heute Abend schlafen. Während du schläfst, geschieht über Nacht ein Wunder. Deine aktuelle Schwierigkeit hat sich aufgelöst. Du hast die 10 der Skala erreicht. Doch du weißt gar nicht, dass das Wunder passiert ist, weil du ja geschlafen hast. Wie wirst du am Morgen merken, dass das Wunder geschehen ist? Woran wirst du zuerst erkennen, dass etwas anders ist?

Male dir detailliert aus, was sich verändert hat. Was fühlst du jetzt, was du vorher nicht gefühlt hast? Was denkst du jetzt, was du vorher nicht denken konntest? Was tust du jetzt? Wie reagieren andere darauf? Wie reagierst du dann wieder?

Halte diese imaginäre Szene in der Zukunft schriftlich fest und beschreibe dabei vor allem, was in deinem Denken, Erleben, Fühlen und Verhalten anders ist.

Lass uns jetzt zur Realität zurückkehren: Was, das du bisher noch nicht getan hast, könnte dir dieses Erleben und Verhalten ermöglichen? Zumindest ein klein wenig? Was davon sagt dir am meisten zu?

Achte wieder auf positive Formulierungen: Wenn du dich dabei ertappst, dass du beschreibst, was du »nicht mehr« tust, formuliere stattdessen, was du tun würdest.

■ **Denk mal**

Wie gut konntest du dich von deiner momentanen Situation lösen und dir eine unbelastete Zukunft vorstellen?

■ **Mach mal**

Ziehe dich einmal pro Woche an einen stillen Ort zurück und lass die »Wundersituation« wie einen Film vor deinem inneren Auge ablaufen.

Fest und stark ist nur der Baum, der unablässig Windstößen ausgesetzt war, denn im Kampf festigen und verstärken sich seine Wurzeln.
—Lucius Annaeus Seneca

Ein Déjà-vu

■ Wo stehst du eigentlich heute auf der Zehnerskala – nach über drei Wochen Arbeit mit diesem Quadro? Vergleiche deine Antwort mit der Einschätzung, die du in der ersten Woche bei 1.4 vorgenommen hast. Hat sich etwas verändert? Bist du schon näher an der 10? Oder ist deine Lage sogar schlimmer geworden?
Das Spannende an schwierigen Lebenssituationen ist, dass sie nicht immer gleich schwierig bleiben. Mal geht es besser, mal wird es schlimmer. Die Ursachen dafür sind vielfältig. Es kann an den äußeren Umständen oder an anderen Personen liegen. Oft spielt es aber auch eine Rolle, wie wir uns als Betroffene verhalten. Kleine Unterschiede in unserem Verhalten führen zu einer Verbesserung oder Verschlechterung der Situation.
Deshalb lohnt es sich, genau hinzusehen, was in Zeiten so genannter positiver Ausnahmen geschehen ist: Wann warst du deinem Ziel schon mal ein bisschen näher? In der Zeit, seit du dieses Quadro liest? Oder in den Wochen oder Monaten davor? Wie genau hast du das geschafft? Welche deiner Fähigkeiten hast du da genutzt? Wie hast du dir zu helfen gewusst?
Schiebe den Unterschied, den du wahrnimmst, nicht gleich auf andere Umstände. Suche hartnäckig nach deinem Beitrag. Was hast du gemacht, dass die Situation sich einen kleinen Schritt in die richtige Richtung bewegt hat? Was davon könntest du so oder ähnlich wiederholen?

■ **Denk mal**
Auf welche deiner Stärken und Fähigkeiten kannst du dich immer verlassen?

■ **Mach mal**
Frage einen Freund, welche Stärken er in dir sieht.

4.4 Die anderen

Wer zusieht, sieht mehr, als wer mitspielt.
—Wilhelm Busch

■ Vielleicht erscheint dir der Unterschied zwischen deiner Situation heute und deinem Ziel – der 10 – unüberbrückbar groß. Vielleicht denkst du: »Das schaffe ich nie.« Ein weit entferntes Ziel kann gerade in Krisenzeiten entmutigen. Es erscheint so unrealistisch, dass du da je hinkommen könntest. Es ist ein schönes Ideal, ein Traum – aber der Weg dahin liegt im Dunkel.

Wenn es dir so geht, dann schau einmal auf den nächsten kleinen Schritt: Angenommen, du wärst auf der Zehnerskala ein Stück weiter. Das kann ein Punkt weiter sein, aber auch ein halber Punkt oder drei Punkte – so wie es für dich richtig ist. Frage dich:

- Was würden andere dann bei dir sehen?
- Was würden Familienmitglieder, Kollegen oder Freunde bemerken?
- Was wäre dann anders als heute?
- Wie würde dieser kleine Fortschritt bei dir für andere sichtbar werden?
- Wie würden sie darauf reagieren?
- Wie würdest du dann wieder reagieren?

Nimm dir ausführlich Zeit, um dich in diese hypothetische Situation hineinzuversetzen und über diese Fragen nachzudenken. Achte darauf, dass es hier nicht darum geht, wie du diesen kleinen Schritt vorankommen könntest. Es geht nur darum, was du tun würdest und wie andere darauf reagieren würden, falls du an diesem Punkt wärst.

Am besten hältst du deine Gedanken wieder schriftlich fest.

■ **Denk mal**

Was von dem Verhalten, wenn du einen Schritt weiter wärst, sagt dir zu?

■ **Mach mal**

Handle in den nächsten 24 Stunden einfach einmal so, als ob du einen Schritt weiter auf der Skala wärst, verrate es aber keinem.

»Wahr« und »Falsch«, das sind die Ausreden derer, die nie zu einer Entscheidung kommen wollen.

—Robert Musil

Ein erster kleiner Schritt

■ Gestern hast du dir überlegt, wie es aussehen würde, wenn du einen Schritt weiter wärst. Du hast auch 24 Stunden lang ausprobiert, wie sich das anfühlt, wie du handelst und wie andere auf dich reagieren.

Jetzt machen wir Nägel mit Köpfen und gehen (noch) einen Schritt weiter. Überlege dir, welchen kleinen nächsten Schritt du gehen willst, um dich auf der Skala noch weiter nach rechts zu bewegen. Was wäre realistisch? Was sieht für dich Erfolg versprechend aus?

Vorsicht: Nimm dir nicht zu viel vor und überfordere dich nicht. Lieber ein winziger Schritt, den du schaffst, als ein großer Plan, aus dem nichts wird.

Jetzt überprüfe, was du vorhast – jeweils auf einer Skala von 1 bis 10:

1. Wie stark willst du diesen Schritt gehen?
2. Wie attraktiv ist es für dich, den Schritt zu schaffen?
3. Wie zuversichtlich bist du, dass du es schaffst?
4. Wie klar ist dir, was du genau tun musst?

Nun frage dich:

5. Wie hoch schätzt du den Aufwand für diesen Schritt ein?

Multipliziere die Punktzahl der Antworten auf die ersten vier Fragen miteinander. Dann nimm deine Antwort auf Frage 5 hoch 4 (also zum Beispiel 6 x 6 x 6 x 6).

Wenn das Ergebnis der ersten vier Fragen größer ist als das Ergebnis bei Punkt 5, hast du beste Chancen, dass du den Schritt packst! Wenn nicht, dann überlege dir, wie du die Punkte 2 und 4 verändern kannst: Verschaffe dir mehr Klarheit und mache dein Ziel für dich attraktiver.

■ **Denk mal**

Was könnte deine Zuversicht erhöhen, dass du den Schritt schaffst?

■ **Mach mal**

Gehe den nächsten Schritt!

4.6

Geschichte schreiben ist eine Art, sich das Vergangene vom Halse zu schaffen.
—Johann Wolfgang von Goethe

Schreib's dir von der Seele

Heute möchte ich dir noch die Methode des »expressiven Schreibens« als Hilfe für die Zeit nach dem Quadro mitgeben. Der amerikanische Psychologe James W. Pennebaker konnte in seiner Forschung zeigen, dass sich das Aufschreiben tiefster Gedanken und Gefühle über belastende Erlebnisse positiv auf das psychische Wohlbefinden auswirkt. Dafür reicht es schon aus, innerhalb einer Woche drei bis fünf Mal für 20 Minuten zu schreiben.

Plane für die nächste Woche – am besten morgens – entsprechend Zeit ein. Nimm dein Tagebuch oder einen Block und schreibe genau 20 Minuten am Stück. Notiere deine tiefsten Gedanken und Gefühle über die Situation, die dich belastet. Schreibe ohne Unterbrechung. Wenn du nicht mehr weißt, was du schreiben sollst, dann wiederhole einfach, was du vorher geschrieben hast. Rechtschreibung und Grammatik spielen keine Rolle. Es geht auch nicht um guten Ausdruck. Was du aufschreibst, ist nicht für andere bestimmt. Selbst du musst es nicht unbedingt noch einmal lesen. Es geht einfach ums kontinuierliche Aufschreiben. Du kannst jeden Tag dasselbe Thema oder dieselbe Situation wählen. Genauso gut kannst du aber auch jedes Mal über etwas anderes schreiben. Wichtig ist nur, dass du kontinuierlich 20 Minuten lang schreibst – über deine tiefsten Gefühle und Gedanken. Und das fünf Tage hintereinander.

Denk mal

Welche Gefühle tauchen beim Schreiben immer wieder auf?

Mach mal

Plane in deinem Kalender einmal im Vierteljahr eine Woche für expressives Schreiben ein.

4.7

Und wenn jemand einen einzelnen auch überwältigt, zwei sind ihm gewachsen und eine dreifache Schnur reißt nicht so schnell.

—Prediger 4, 12

Wer kann mir helfen?

■ Dieses Quadro ist ein Selbsthilfebuch. Ich hoffe – und vermute –, dass dir die täglichen Kapitel geholfen haben, besser mit deiner Lebenssituation umzugehen. Dennoch sind einem Buch viele Grenzen gesetzt, und auch Selbsthilfe führt nicht immer weiter. Manchmal kommt man an den Punkt, wo man sich eben nicht mehr an den eigenen Haaren aus dem Sumpf ziehen kann. Selbsthilfe und Selbstcoaching setzen voraus, dass du noch Einfluss auf deine Situation nehmen kannst.

Wenn du nach diesen vier Wochen nicht vorangekommen bist (oder nur sehr schleppend oder es sogar schlimmer geworden ist), dann überlege unbedingt, wer dir helfen kann. Informiere dich, wer dir als Coach oder Seelsorger, als Therapeut oder einfach nur als Freund weiterhelfen kann. Wenn du selbst nicht weißt, was du brauchst und wer dir helfen kann, dann lass dir auch in dieser Frage von einem Profi helfen. Es ist keine Schande, die Hilfe von anderen in Anspruch zu nehmen. Es ist jedoch tragisch, auf fremde Hilfe zu verzichten und Krisen dadurch unnötig zu verlängern.

Tipp: Wenn du vorgestern meine Frage danach, wie zuversichtlich du bist, es zu schaffen, mit einer Zahl niedriger als fünf beantwortet hast, solltest du dir unbedingt jemanden suchen, der dir weiterhilft. Wenn du vor Ort niemanden findest, kann ich dir als Coach (nicht aber als Therapeut) auch telefonisch weiterhelfen. Infos unter www.christophschalk.com

■ **Denk mal**

Wenn du nüchtern Bilanz ziehst – willst du alleine weitergehen oder mit externer Hilfe? Warum?

■ **Mach mal**

Mache dir eine »Notfallliste« mit Namen und Adressen von für dich geeigneten Helfern (z.B. Coaches, Therapeuten, Seelsorgern, Freunden).

Nach vorne blicken

Stell' dir vor, du hättest von diesem Quadro tatsächlich in der Weise profitiert, wie du es dir erhofft hattest …

- Woran würden deine Freunde und Bekannten das bemerken?

- Was wäre von nun an anders?

- Was würde geschehen, wenn dieser Unterschied andauern würde?

- Wie könntest du für weitere neue Erfahrungen offen bleiben?

- Was ist dein nächster Schritt?